UN MOT DE VÉRITÉ

SUR

LA CRISE MINISTÉRIELLE.

PARIS, IMPRIMERIE DE DECOURCHANT,
Rue d'Erfurth, 1, près de l'Abbaye.

UN MOT DE VÉRITÉ

SUR LA

CRISE MINISTÉRIELLE

ET

SA SOLUTION POSSIBLE;

PAR A.-P. FAUGÈRE.

PARIS,

CHEZ LEDOYEN, LIBRAIRE, PALAIS-ROYAL, 31,

1839

UN MOT DE VÉRITÉ

LA CRISE MINISTÉRIELLE

ET SA SOLUTION POSSIBLE.

———

Paris, le 30 mars 1839.

Pour quiconque a le cœur droit et l'esprit tant soit peu élevé, pour quiconque sait sortir du misérable cercle des préoccupations individuelles, et compter la patrie pour quelque chose, le spectacle que présentent les hautes régions de l'Etat est un sujet de tristesse profonde.

Oui, si l'on ne songeait à la nature des choses, si l'on ne songeait qu'il est une force supérieure aux petits calculs, aux petites ambitions, aux petites intrigues, aux petites passions, à l'égoïsme des hommes, si l'on ne songeait qu'il y a une Providence qui les sauve quelquefois malgré eux, il faudrait absolument compter pour rien les efforts que nous avons faits depuis cinquante ans pour fonder la monarchie constitutionnelle; il faudrait renier le passé, se voiler la tête et désespérer de l'avenir.

Nous qui ne sommes rien dans l'Etat, mais qui suivons avec une douloureuse sollicitude le drame devenu mesquin qui se joue devant nous; nous qui, il y a peu d'années, avons pris la plume pour justifier nos institutions de 1830, attaquées par le donquichotisme de la légitimité déchue et par le fantôme républicain de 93, et qui croyons que la France ne pourrait que perdre à une nouvelle révolution, nous voulons essayer de faire entendre le cri de la vérité dans cette confusion, qui peut devenir l'anarchie en se prolongeant. On ne nous écoutera pas sans doute; car, qui se soucie d'écouter quelqu'un qui n'est le journaliste, ni des courtisans, ni de la gauche, ni du centre gauche, ni du centre droit, ni d'aucun candidat au ministère, et dont la voix n'est pas inspirée par l'esprit de parti? Du moins nous aurons rempli un devoir; nous aurons épanché les sentiments qui débordent notre cœur.

Il y a peu de mois, lorsque l'administration, sans principes et sans signification, qui traînait depuis bientôt deux ans son existence problématique, eut réuni contre elle une opposition formidable de tous les points de la Chambre, nous entrevîmes autre chose, au bout de la lutte, que la chute de cette administration.

C'était beaucoup, assurément, que le renversement d'une politique au jour le jour, qui vivait d'expédients et d'intrigues, faisant quelques rares améliorations de détail, mais laissant dépérir, dans l'ensemble de ses actes, intérêts matériels, pouvoir et liberté. Mais ce qui était surtout le sujet de notre satisfaction, c'était de voir se rapprocher, en luttant ensemble au profit des mêmes principes, des hommes depuis longtemps séparés.

Nous savions bien que pour tous l'alliance ne serait pas durable ; que la lutte et l'opposition sont l'éternelle condition de la vie politique ; que les fractions extrêmes de la Chambre se détacheraient du corps de bataille le lendemain de la victoire. Mais, nous l'avouons, nous pensions que des hommes faits pour s'entendre, des hommes également attachés, avec des nuances diverses, à nos institutions, resteraient unis dans le triomphe, sous le drapeau commun de la monarchie constitutionnelle. Pour les chefs de l'opposition du centre droit, du centre gauche et de la gauche modérée, le temps n'était-il pas venu d'abdiquer leurs vieux ressentiments? Sans doute. Et l'occasion était merveilleuse.

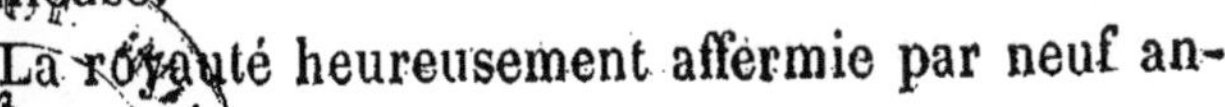

La royauté heureusement affermie par neuf années de possession, les émeutes anéanties, la Vendée pleinement pacifiée, les partis désarmés et découragés, les esprits remis enfin de l'ébranlement moral que toute révolution laisse après elle, l'industrie et le commerce se développant par la sécurité publique, tout semblait concourir pour fonder un gouvernement libéral et fort.

Les choses étaient admirablement prêtes. De la part des hommes, que fallait-il? une loyauté généreuse dans les intentions, moins de méfiance envers les personnes, plus de confiance dans la marche des choses et le mouvement général des esprits; il fallait s'amnistier les uns les autres, faire table rase des rancunes passées, enfin arriver à la tolérance des personnes par l'amour du bien public et le retour de part et d'autre à des opinions plus modérées.

Entre les hommes éminents qui avaient marqué profondément les uns au pouvoir, les autres dans l'opposition, le temps des grandes querelles était passé.

Depuis deux ans ils avaient cessé de se trouver face à face, et beaucoup de préventions et d'exagérations réciproques avaient eu le temps de s'effacer. Le service unique, le service négatif rendu au pays par le ministère du 15 avril, c'était précisément d'avoir, bien malgré lui et par le seul fait de sa présence aux affaires, suspendu les hostilités entre les principaux membres de l'opposition et ceux des précédents ministères.

Ceux-ci, en rentrant dans la retraite, ou du moins en s'éloignant de la lice encore empreinte de leurs traces brûlantes, en laissant dans les débiles mains du ministère du 15 avril le glaive de combat qu'eux-mêmes avaient ramassé sur le lit de mort de l'illustre Casimir Périer, ceux-ci, disons-nous, avaient pu faire un retour sur eux-mêmes, procéder avec calme à la révision de leurs opinions et de leurs actes, étudier la situation du pays, et se modifier d'une manière sincère et durable par l'étude des faits nouveaux et des manifestations nouvelles de l'opinion publique. Placés hors du pouvoir et de ses combats, rendus à eux-mêmes, ils avaient pu voir bien des vérités que l'ardeur de la lutte et les préoccupations d'un pouvoir violemment attaqué avaient cachées à leurs yeux.

Parmi ces hommes, il en est un auquel vingt-cinq ans de travaux les plus sérieux ont acquis une place éminente dans les lettres et dans la politique. Sa vie est austère et simple comme était celle de L'Hôpital. Son caractère noble et élevé, son parfait désintéressement, la gravité de ses convictions religieuses et politiques, son éloquence mâle et solennelle lui concilient le respect de beaucoup et l'estime de tous. Historien et philosophe, il a concouru au rétablissement des études historiques et au retour salutaire des idées religieuses; publiciste, il n'a jamais poursuivi qu'un but, l'établissement de la monarchie constitutionnelle; il s'est rapproché de la Restauration et

l'a servie quand elle semblait vouloir sérieuse-
mênt donner à la France le gouvernement représentatif; il s'est séparé de la Restauration quand
elle a manqué à ses promesses, et son nom fi-
gure au premier rang de ceux qui ont lutté contre
elle pour le maintien des principes constitution-
nels; il a été par elle exclu de sa chaire de la Fa-
culté des lettres, il en a été exclu au même moment
et pour la même cause que son illustre collègue,
M. Cousin, coupables tous deux d'enseigner à la
jeunesse la liberté et la dignité morale de l'homme,
l'un par le tableau des révolutions historiques, l'autre par celui des révolutions philosophiques, l'un
et l'autre cependant professant toujours le respect
des institutions de leur pays. Homme du pouvoir
le lendemain d'une révolution dont la cause était
légitime et sainte, mais qui avait fait sortir de
leur lit toutes les classes de la société et déchaîné
dans un pêle-mêle formidable toutes les impa-
tiences, toutes les espérances, toutes les ambitions, toutes les passions du cœur de l'homme, il
a pu faire des fautes : et qui se flatterait de n'en
pas faire dans des temps si difficiles ? il a pu défendre avec une sévérité trop ardente la cause du pouvoir en péril, outrepasser quelquefois le but qu'il
voulait atteindre; mais il a porté le poids des
affaires avec la fermeté et la constance d'un homme
de cœur, il n'a été le courtisan ni de la royauté ni
de ses amis politiques; l'opposition a trouvé en lui
un adversaire loyal et se défendant non par

l'intrigue, mais par les principes; la dignité du pouvoir n'a pas dépéri dans ses mains; enfin dans les débats récents que la Chambre et la France électorale ont soutenus contre les courtisans du 15 avril, il a été le premier à revendiquer avec une admirable énergie la vérité du gouvernement représentatif, la réalité de la puissance parlementaire; il a bravé les injures et les suppositions calomnieuses de la presse ministérielle, les interruptions et les murmures de ceux qui autrefois le proclamaient sauveur de l'ordre public.

A côté de lui, il est un autre homme dont la renommée n'est pas moins éclatante, quoique plus récente. Celui-ci, moins grave de mœurs, plus brillant d'esprit, moins austère dans sa vie privée, également désintéressé dans sa vie publique; aimant davantage peut-être le luxe du pouvoir, mais y cherchant aussi l'influence morale de ses idées et de ses sympathies politiques, et sachant le quitter aussi pour obéir à ses convictions; apportant moins d'élévation et de fixité, mais autant de fermeté et plus de souplesse dans les spéculations de l'esprit; renié par ses amis de l'opposition quand il est monté au pouvoir, comme l'autre l'a été par ses amis du ministère quand il est revenu dans l'opposition; trop jeune pour avoir eu part au pouvoir sous la Restauration, mais assez âgé pour avoir pu donner dès cette époque des gages éclatants à la cause du pays, pour avoir écrit dès lors notre meilleure histoire de la révolution de 89, et avoir concouru avec ardeur à la polémique d'où les conseillers de la légitimité firent sortir, par une folle tentative de pouvoir absolu, la révolution de 1830 ; appelé aux affaires par cette révolution, défendant d'abord les pouvoirs publics sous le drapeau de Casimir Périer, et recueillant bientôt une partie de l'héritage de cet homme d'Etat ; déployant dans ce poste si rapidement atteint une merveilleuse sagacité, une vivacité pleine d'éclat au dehors, et de bon sens au dedans ; suppléant à l'expérience et à la science pratique des choses par une conception vive et sûre ; enfin, ayant concouru avec l'homme que nous venons de dépeindre à la consolidation de notre monarchie de 1830, ayant partagé longtemps avec lui l'honneur et l'impopularité, les mérites et les fautes du pouvoir exercé par tous deux en commun ; sorti du ministère avec loyauté et pour une cause chère à la liberté, emportant comme son ancien collègue une incontestable renommée d'orateur et d'homme d'Etat ; comme lui défendant la vérité et la dignité de nos institutions compromises par l'administration du 15 avril, dont la politique d'emprunt est tombée sous les traits acérés de l'un et sous la grave parole de l'autre.

Dans d'autres rangs il est un autre personnage qui a concouru aussi, quoique d'une manière moins active, au renversement du ministère du 15 avril. Dans leur passage au pouvoir, les deux hommes d'Etat dont nous venons de parler n'ont pas eu de plus constant adversaire. Plutôt fait pour manier les armes de l'opposition que les rênes du pouvoir; doué d'un esprit étendu qui s'inspire toujours et s'élève souvent par la générosité du cœur, fortement imprégné de tous les nobles instincts de la liberté, n'ayant jamais servi qu'elle, perfectionné dans l'art de la parole par la profession du barreau ; aimant, aimant trop peut-être la gloire et la popularité de l'orateur, biens les plus chers pour lui, et qu'il craindrait de perdre dans le maniement des affaires si ses opinions arrivaient au pouvoir ; ayant jusqu'ici donné peu de preuves de cet esprit positif et pratique qui révèle l'homme d'Etat ; trop souvent ne laissant arriver la lumière à ses auditeurs qu'à travers des nuages d'or et d'azur dont la magnificence éblouit plus qu'elle n'éclaire ; mais ralliant autour de lui une fraction considérable de la Chambre par la pureté et la loyauté parfaites de son caractère politique, et jouissant dans le pays d'une des plus belles renommées de notre temps. N'oublions pas que dans les derniers débats de la Chambre, cet orateur s'est montré sous un nouveau jour de modération et de conciliation qui a beaucoup ajouté à son influence. ..

Ces trois personnages, et nous ne citons que ceux-là, parce qu'ils représentent le mieux les trois partis essentiels qui se partagent la Chambre, et que les hommes possibles ne se trouvent que dans ces trois partis ; ces personnages ont assuré, par leurs efforts communs dans la discussion de l'adresse, la défaite de la majorité factice qui soutenait le ministère du 15 avril. Qu'aurait pu faire, nous le demandons, M. Thiers et son parti tout seuls, M. Guizot et son parti tout seuls, M. Odilon Barrot et son parti tout seuls?

Si, sous prétexte d'incompatibilité d'opinions, si dans la crainte de donner raison aux hommes d'une autre opinion, ou de se compromettre par leur contact, chacun se fût claquemuré dans l'égoïsme de ses convictions, le ministère du 15 avril eût continué à vivre comme il avait commencé, c'est-à-dire par la division de ses adversaires. Il serait encore debout, énervant nos institutions à l'intérieur, notre nationalité à l'extérieur, et, par-dessus tout cela, puisant à pleines mains dans nos finances pour payer, à la presse subventionnée et aux appuis intéressés de sa prétendue politique, l'énorme rançon de sa médiocrité.

Si l'union est nécessaire pour vaincre, elle ne l'est pas moins pour assurer les résultats de la victoire.

Vous tous, hommes de l'opposition constitutionnelle, qui dans la rédaction et dans la discussion de l'adresse vous êtes montrés fermement unis, et avez fait profession d'être animés d'un esprit de sincère conciliation; vous qui vous êtes rendus mutuellement justice, pourquoi vous divisez-vous de nouveau, aujourd'hui que les élections vous ont donné gain de cause?

Votre ennemi commun, ce n'était pas seulement le ministère du 15 avril; c'était, c'est vous-mêmes qui l'avez dit, c'était le parti dont il était l'instrument, le parti des courtisans, qui insensiblement pousseraient notre royauté nationale dans les voies où la légitimité s'est perdue.

Eh bien! ce parti est encore debout, et vous lui rendez la chance unique de force qui lui restât, celle de vos divisions et de vos fautes.

En vérité, on dirait que la plupart de nos hommes politiques ont perdu le sens droit des choses et le sentiment de la situation, quand on voit le funeste esprit d'exclusion dont ils sont animés. Est-ce le succès qui leur a enflé le cœur? Mais c'est dans le succès surtout qu'il faut se méfier de soi-même et de ses prétentions même les plus généreuses, et se faire une force nouvelle de la modération. D'ailleurs le succès n'a été l'œuvre d'aucun homme et d'aucun parti en particulier, il appartient à tous.

Pourquoi donc voudriez-vous en recueillir tous les résultats, vous dont le nombre n'excède pas le quart, vous le cinquième, vous le dixième de la Chambre? Aucune fraction de la Chambre ne peut marcher seule au pouvoir et s'y maintenir, vous le savez bien.

Serait-ce le centre droit avec M. Guizot? non. Malgré la valeur morale et le talent de son chef et de ses membres, ce parti n'a pas quarante voix assurées.

Serait-ce la gauche avec M. Barrot? non. Ce parti compte à peine cent voix qui sont loin de former un tout compacte et uniforme.

Ce sera donc le centre gauche avec M. Thiers? voyons.

On a beaucoup répété, M. Odilon Barrot lui-même l'a proclamé, que la véritable opinion de la majorité de la France était celle du centre gauche. Nous le croyons aussi, et nous nous associons sans réserve aux sages intentions d'un parti qui paraît guidé à la fois par l'esprit de conservation et de liberté. Mais quels que soient ses progrès et sa puissance hors de la Chambre, il n'en est pas moins vrai que cette opinion ne forme pas la majorité dans la Chambre. Elle n'a pas cent trente voix qui lui soient invariablement acquises. Elle ne peut donc pas arriver seule au pouvoir.

Elle réclamera donc l'alliance de la gauche et de M. Odilon Barrot.

Cette alliance est utile et nécessaire; mais suffira-t-elle? non. D'abord, à ne compter que les voix, la majorité qui résulterait de cette alliance serait numériquement bien faible; la moindre dissidence pourrait la rompre. Ensuite, à voir sans illusions les dispositions actuelles de la Chambre et du pays, il est manifeste que si le ministère centre gauche paraissait se placer sous l'influence exclusive de la gauche, il susciterait dans beaucoup d'esprits des méfiances et des alarmes dont le contrecoup moral entraverait sa marche et compromettrait sa durée.

En s'alliant à la gauche, il est donc nécessaire que le centre gauche s'allie en même temps au centre droit.

Il faut bien le reconnaître, cette fraction de la Chambre et son illustre chef disposent d'une force morale considérable. Cette force n'a pas été un des moindres éléments du succès de l'opposition ; il manquera toujours quelque chose au pouvoir qui l'exclura après s'en être servi pour triompher.

Ces considérations découlent tellement de la vraie situation des choses, que la première combinaison qui s'est présentée à tous les esprits a été précisément celle que nous venons d'indiquer. De quoi a-t-il été d'abord question ? De faire arriver ensemble au pouvoir, soit comme ministres, soit comme président de la Chambre, M. Thiers, M. Guizot et M. Odilon Barrot.

Cette combinaison s'accordait parfaitement avec l'esprit de conciliation manifesté par ces personnages dans les débats de l'adresse et dans les élections ; elle faisait honneur à leur raison et à leur caractère. C'était la seule durable, la seule morale en présence du triomphe de la coalition, la seule possible.

Il est pénible de le dire : rapprochés par la force des choses, les personnages dont l'union devait ouvrir une phase nouvelle de notre gouvernement représentatif, se sont divisés par des motifs qui ressemblent trop à des rivalités personnelles. Ils ont voulu se faire les uns aux autres leur part de pouvoir, avec une méfiance jalouse; comme si hors de la nuance des opinions de chacun d'eux il ne pouvait point y avoir de salut pour l'Etat.

Il nous en coûte de citer des noms que nous considérons à des titres divers. Mais par quelle fatalité

2

des hommes tels que MM. Thiers et Barrot, tels que MM. Passy et Dufaure, ont-ils pu chicaner, sur les conditions personnelles de son entrée au pouvoir, un homme du caractère et de l'importance de M. Guizot, tandis que celui-ci n'avait pas hésité à accepter la candidature de M. Barrot à la présidence de la Chambre ou même sa nomination au ministère de la justice? Cette faute convenait tout au plus à l'humeur épineuse de M. Dupin, qui fait, comme on sait, un signe de croix à la vue d'un *doctrinaire;* de M. Dupin, magistrat érudit et grand avocat, qui ne fera jamais, quoi qu'il arrive, un grand homme d'Etat, et qui ne s'entendrait pas mieux, nous le craignons sincèrement, avec M. Thiers qu'avec M. Guizot.

Il s'agissait bien vraiment de savoir si M. Guizot siégerait à l'intérieur ou à l'instruction publique, s'il entrerait au conseil par telle porte ou par telle autre! Comment M. Guizot, dont la conduite est d'ailleurs restée si digne depuis le commencement de la crise qui nous afflige, n'a-t-il pas accompli jusqu'au bout la tâche si noblement commencée par lui dans les derniers débats de la Chambre, en consentant à accepter dans le nouveau cabinet une position inférieure à son ambition politique? Et comment M. Barrot, dont le langage a été si bienveillant dans les débats de l'adresse, a-t-il quitté si vite son attitude de conciliation, et en est-il venu à déclarer qu'il refuserait son appui à tout ministère qui ne serait pas exclusivement recruté dans le centre gauche?

M. Thiers et M. Guizot veulent l'un comme l'autre, sans aucun doute, l'ordre dans la liberté et la liberté dans l'ordre ; mais à tort ou à raison, l'opinion publique est habituée à voir, dans l'un le représentant plus direct des principes de nos deux révolutions, et dans l'autre le mandataire plus spécial des principes d'ordre et de stabilité. Voilà comment leur entrée simultanée aux affaires eût été un gage de sécurité pour tout le monde. Voilà ce qui ferait de leur alliance la base essentielle de l'administration nouvelle. Voilà pourquoi ils auraient dû rester invariablement unis sur le terrain du projet d'adresse où ils s'étaient ralliés.

Veut-on jeter sur ce point de notre situation un trait de lumière visible pour tout le monde? Qu'on interroge les hommes qui pleurent chaque jour sur le tombeau de la légitimité : leur but est connu, et l'on sait ce qu'ils voudraient faire des institutions politiques issues de notre révolution. Il est un homme que leurs journaux poursuivent d'une réprobation opiniâtre : ce n'est pas l'auteur de l'*Histoire de la révolution de* 89, l'orateur qui vengea si souvent la révolution de 1830 des attaques de M. Berryer ; ce n'est pas le membre du gouvernement provisoire de la révolution de Juillet, le commissaire chargé de mener, de Paris à Cherbourg, le deuil de l'ancienne royauté ; ce n'est ni M. Thiers, ni M. Barrot : c'est M. Guizot.

M. Guizot s'alliant au centre gauche et à la gauche, voilà ce qui leur paraît monstrueux. Ce qu'ils appellent de leurs vœux, c'est l'alliance exclusive de M. Thiers avec la gauche, c'est sa rupture absolue avec M. Guizot et ses amis. Ils voudraient, aujourd'hui comme toujours, noyer la révolution dans l'exagération de ses propres œuvres. Tenons ceci pour certain : la route qu'ils nous montrent n'est pas la meilleure pour nous ; le côté vers lequel ils nous poussent est celui où est le péril.

En s'alliant à la gauche seulement, M. Thiers, on le sait bien, ne cesserait pas d'être un homme de gouvernement. Mieux que personne il a appris par l'étude de l'histoire et la pratique du pouvoir que les meilleures réformes ne sont possibles qu'à la condition du temps, à la condition de la préparation calme et lente et de la maturité des esprits. Il résisterait donc quand il le faudrait.

Mais il y aurait péril, péril grave, si le ministère né de la coalition ne pouvait se maintenir au bout de quelques mois d'existence, s'il tombait devant l'abandon de ses alliés, en leur résistant, ou devant les méfiances de l'esprit public, en se laissant entraîner par un mouvement plus fort que lui. Nous nous retrouverions dans une situation plus fâcheuse encore que celle où nous sommes aujourd'hui ; nous n'aurions plus en perspective qu'un pouvoir violent en arrière ou violent en avant.

Telle serait, dans l'état présent du pays, l'inévitable conséquence qui ne tarderait pas à sortir de l'alliance exclusive de la gauche avec le centre gauche.

Cette pensée est au fond des cœurs ; elle est celle

de beaucoup de membres considérables du centre gauche, sans qu'ils l'avouent aux autres ni peut-être à eux-mêmes. Ils sont portés vers la gauche par leurs sympathies politiques et certaines séductions de popularité; et cependant, quand il s'agit de signer le traité d'alliance, ils ne peuvent plus s'entendre; quand il s'agit de le ratifier en appuyant la candidature de M. Barrot à la présidence de la Chambre, ils conviennent de ne pas faire de cette candidature une question de cabinet.

Ce fait a une signification bien manifeste : il indique qu'il n'y a pas dans tous les membres du centre gauche la même confiance dans la durée et la parfaite opportunité d'une alliance exclusive avec la gauche. Il indique qu'un ministère fondé sur cette alliance n'aurait pas en lui-même ce degré d'assurance, cette vision certaine dans l'avenir sans lesquels il est impossible qu'une administration fasse le bien que le pays attend d'elle.

On a beaucoup parlé dans ces derniers jours du mauvais vouloir de la cour et des courtisans. Certes, nous ne chercherons ni à le nier ni à le défendre; quelle que soit son origine, tout pouvoir royal est naturellement jaloux de ses prérogatives; nous ne sommes donc pas surpris qu'il regarde avec anxiété, avec méfiance peut-être les mouvements de la puissance parlementaire.

Mais qu'on ne parle pas de l'on ne sait quelle puissance occulte de la cour et des courtisans, de l'on ne sait quel charme tout-puissant qui entraverait et nouerait à son gré le jeu de la puissance parlementaire; qui frapperait d'impuissance les efforts de nos hommes d'État les plus habiles, et les empêcherait de réunir les éléments d'un nouveau ministère.

Qu'on y pense un moment : cette allégation ne saurait être sérieuse; ce qui n'empêche pas qu'elle ne puisse bien être parfaitement sincère, car les hommes sont toujours portés à expliquer par des causes qui leur sont étrangères la non réussite de leurs desseins.

Si grande et si hostile qu'on la suppose, l'influence du parti de la cour eût été impuissante à empêcher la formation d'un ministère parlementaire, si les chefs de la coalition, vainqueurs par leur union, ne s'étaient affaiblis par l'esprit d'exclusion et leurs divisions intestines, quand le moment est venu d'assurer les résultats de la victoire.

Ce qui a fait la force du parti de la cour, ce n'est pas autre chose que cette division qui s'est introduite dans des éléments de la véritable majorité constitutionnelle; ce n'est pas autre chose que le désaccord qui s'est manifesté entre les trois chefs principaux de cette majorité, entre M. Guizot, M. Thiers, M. Barrot; ce n'est pas autre chose que l'exclusion absolue prononcée par ce dernier contre le chef du centre droit, comme s'il était politique et généreux, s'il était possible d'effacer impunément de la scène politique un de ses personnages les plus éminents ; ce n'est pas autre chose enfin que l'hésitation, que la méfiance qui s'est alors emparée de quelques-uns des membres du centre gauche, et a mis la désunion jusqu'au sein de ce parti ; ce n'est pas autre chose enfin que cette désunion même.

Le centre droit une fois écarté des affaires, le centre gauche, dans l'hypothèse la plus favorable, n'avait qu'une chance sûre d'organiser un pouvoir durable : c'était plus que jamais de rester uni, de se présenter au pouvoir royal avec une seule et même volonté sur tous les points de la politique intérieure et extérieure, sur toutes les conditions de son alliance avec la gauche.

Mais chacun s'est retranché, comme dans un cercle fatal, dans l'égoïsme de ses opinions ; les uns ont voulu marcher au delà de la limite où les autres s'arrêtaient ; l'esprit d'exclusion qui avait déjà rendu toute conciliation impossible avec le centre droit, a rompu à son tour l'homogénéité du centre gauche, et, d'épuration en épuration, le cercle des hommes possibles est devenu tellement restreint que lorsque le chef du centre gauche a été appelé à son tour à former un ministère, il a été dans l'obligation de décliner cette mission, faute de trouver sous sa main les éléments nécessaires.

Dans l'organisation actuelle de notre système électoral, le nombre des grandes capacités n'est pas si considérable dans chaque opinion pour qu'on puisse renfermer le pouvoir dans telle ou telle fraction de la Chambre, et chacune de ces fractions est isolément trop peu puissante pour se montrer si exclusive envers les autres. Les sectes politiques ne valent pas mieux que les sectes religieuses, et l'intolérance multiplie les sectes en politique comme en religion. Enfin, toute opinion qui craint de se trouver en contact avec une opinion dont la nuance n'est pas exactement la sienne, ne fait pas preuve de confiance en sa propre puissance, et prend une route au bout de laquelle se trouve la violence ou la faiblesse.

Telle ne sera pas, on a lieu de l'espérer, la marche du ministère dont la formation ne peut manquer de suivre de près l'ouverture des Chambres. Mais, on ne saurait trop le répéter, une administration ferme, modérée, et surtout durable, ne peut naître que du rapprochement loyal des diverses fractions de l'ancienne opposition constitutionnelle devenue aujourd'hui majorité.

Que la Chambre commence l'œuvre de conciliation, en portant au fauteuil de la présidence le chef de la gauche, et que les chefs du centre gauche et du centre droit s'entendent enfin pour devenir la base de l'administration que le pays attend.

Qu'ils s'entendent, pour ne pas donner à la France et aux ennemis de nos libertés le spectacle public de ces divisions qui pervertissent l'opinion publique, obscurcissent les renommées, abaissent le pouvoir, et font croire aux esprits superficiels que l'établissement du gouvernement représentatif n'est qu'une turbulente chimère.

Qu'ils s'entendent pour qu'on ne vienne pas rédiger à la tribune, à la face de la France et de l'Europe, le bulletin officiel de ces tristes journées que nous venons de traverser; pour ne pas consumer en récriminations personnelles un reste de session que réclament des questions pressantes d'intérêt matériel.

Qu'ils s'entendent pour venir en aide aux croyances politiques qui menacent de périr et de livrer encore une fois la société aux expériences des novateurs; pour ne pas laisser la royauté en contact immédiat avec l'opinion publique alarmée; pour qu'on ne puisse pas répéter plus longtemps que la couronne est la cause, l'unique cause de tous ces avortements successifs des combinaisons ministérielles, dont la cause essentielle et profonde n'est pas ailleurs que dans la mésintelligence des principaux chefs de la Chambre constitutionnelle.

Qu'ils s'entendent enfin pour arrêter les progrès de ce malaise industriel et commercial qui, de proche en proche, a pénétré jusque dans la boutique du petit marchand, jusque dans la mansarde de l'ouvrière et l'échoppe de l'artisan; qui multiplie les faillites et augmente le nombre des pauvres dans les bureaux de charité.

On a dit que l'avénement simultané de M. Thiers et de M. Guizot au pouvoir serait la résurrection du

ministère du 11 octobre. Lé *onze octobre* avec
M. Odilon Barrot à la présidence de la Chambre,
M. Passy au ministère du commerce, M. Dupin ou
M. Dufaure à celui de la justice ! En vérité, ce n'est
pas là une sérieuse objection.

A voir sans préventions le fond des choses, il est
évident que, lors même qu'on le voudrait, on ne
pourrait pas refaire l'administration du 11 octobre.
Nous sommes heureusement loin de ces temps de
polémique ardente. Hommes et choses ont éprouvé
depuis deux ans une modification profonde : ce
n'est pas une illusion dont nous nous flattions ;
c'est une réalité qu'on avait le droit d'attendre du
progrès du temps, que la mémorable discussion de
l'Adresse a déjà rendu manifeste, et qu'il faut
se hâter de rendre féconde. Le moment est venu
pour les hommes d'État qui vont se trouver à
la tête de la France, de mettre à profit cette situation favorable, de prouver aux ennemis de nos institutions que notre révolution et son gouvernement
ont en eux de quoi suffire à tous les intérêts d'une
société libre, et de les vaincre par la modération
d'une politique juste et prévoyante, comme on les
a vaincus par la force.